SPEAK ITALIAN

SPEAK ITALIAN

THE FINE ART OF THE GESTURE

A SUPPLEMENT TO THE ITALIAN DICTIONARY

by **Bruno Munari**

CHRONICLE BOOKS
SAN FRANCISCO

Una prima raccolta di gesti fu fatta dal Canonico Andrea de Jorio e pubblicata nel 1832 dalla Stamperia e Cartiera del Fibreno, di Napoli, in un volume di 380 pagine di testo e 19 illustrazioni. Il libro è intitolato «la mimica degli antichi investigata nel gestire napoletano» porta nella prima pagina una dedica « A Sua Altezza Reale Federico Guglielmo, Principe ereditario di Prussia – Napoli 15 ottobre 1832, l'Umilissimo, devotissimo servo Canonico Andrea de Jorio ». Alla fine del testo e prima delle illustrazioni, c'è uno scritto di Giuseppangiolo del Forno R.R. nel quale si può leggere tra l'altro: « …Ora il nostro celebre Sig. Canonico D. Andrea de Jorio noto forse più tra gli Esteri, che presso di noi per la sua letteratura, e per l'esatta conoscenza di tutti i monumenti della sempre veneranda Antichità, per gli quali sarà eternamente famoso, e stimabile il Regno di Napoli, ha saputo con immensa fatica interpretare, e delucidare i gesti degli antichi ne' vasi, nelle pitture, ne' bassi rilievi, nelle Opere de'

A first collection of gestures was made by Canon Andrea de Jorio and published in 1832 by the Fibreno Printing and Paper House in Naples; the volume was composed of 380 pages of text and 19 pages of illustrations.

It was entitled *The Ancients' Mimic Through the Neapolitan Gestures* and was dedicated "To His Royal Highness Frederick William Crown Prince of Prussia, Naples, 15th October 1832 — your humble and devoted servant Canon Andrea de Jorio." At the end of the text, before the illustrations, Giuseppangiolo del Forno R.R. wrote, "... now our famous Canon Andrea de Jorio, who is probably better known outside Italy for his literature and his knowledge of all ancient monuments, for which the Neapolitan Kingdom will be eternally famous, succeeded, in spite of all difficulties, in interpreting and explaining the gestures of the Ancients through vases, paintings, bas-reliefs, and works of the

classici Autori ecc. ecc. Si è sforzato inoltre con ragioni convincentissime dimostrare, che la Mimica da loro usata abbia tutto il rapporto, ed ogni convenienza con gli atteggiamenti del popolo Napoletano, Colonia un tempo della gloriosa Atene, accompagnando i suoi felici tentativi con dell'erudizioni di tutto gusto, ed asperse di sale Attico da recare sommo diletto a' leggitori, e con amenità, ed eleganza di stile . . . ».

In questo volume l'autore esamina i vari modi di esprimersi senza parlare, non solo con le mani ma con la espressione del viso e con atteggiamenti dell'intera persona. Per esempio, alla voce NO, l'autore spiega che si può dire NO con gli occhi alzando rapidamente le sopracciglia o guardando da un'altra parte, con la testa volgendola alternativamente a destra e a sinistra, alzando appena la testa come per spingerla indietro, sporgendo il labbro inferiore e alzandolo legger-

classical Authors. He showed, with well-grounded reasons, that their mimic is strictly related to that of the Neapolitan people, once a colony of glorious Athens, accompanying his successful attempts with pleasant erudition sprinkled with 'Attic salt' as to give great delight to the readers by his gayety and elegant style."

In this book, Bruno Munari examines the different ways of "talking" without a single word being spoken, by using only the hands, or by the expressions of the face, or the attitude of the body. The author explains that *no* can be said in multiple ways: for example, quickly lifting the eyebrows and looking the other way, lifting the head so as to push it backward; putting the fingers under the chin and moving them upward; looking at the object and holding out the hand toward it as if to stop it; lifting the flat hand over the head and swinging it left and right; turning the

mente, puntando le dita sotto il mento e spingendole in fuori, con la faccia rivolta verso l'oggetto e la mano distesa verso di quello come per fermare, con la mano aperta alzata sopra la testa e oscillante da destra a sinistra, voltando le spalle alla persona, ruotando leggermente la parte superiore del corpo, ecc.

Col passare del tempo e il diffondersi dei napoletani, molti di questi antichi gesti sono diventati di uso nazionale e alcuni addirittura sono capiti in molte parti del mondo. Ultimamente alcuni gesti di altri popoli sono entrati a far parte del nostro linguaggio, come il famoso O.K. americano, per cui abbiamo creduto opportuno racoglierne il maggior numero, tralasciando i gesti osceni e volgari, per avere una documentazione il più possibile esatta, ad uso degli stranieri che visitano l'Italia e come supplemento al dizionario italiano.

back to the speaker; or slightly turning the upper part of the body.

As time passed, and with the spreading of the Neapolitans, many of these ancient gestures have become nationally used. Some are even understood in other parts of the world. Lately some foreign gestures have been adopted in Italy, such as the famous American "O.K."

We have collected a good many gestures, leaving aside vulgar ones, in order to give an idea of their meaning to foreigners visiting Italy and as a supplement to an Italian dictionary.

Antichi gesti napoletani

Nella pagina a destra, nell'ordine di lettura, i gesti
rappresentati hanno questi significati: denaro, tempo
passato, affermazione, stupido, buono, attendere,
andare come il granchio, rubare, corna, chiedere.

Old Neapolitan Gestures

The illustrated gestures on the facing page mean,
from left to right, money, past times, affirmation, stupid,
good, wait a moment, to walk backward, to steal,
horns, to ask for.

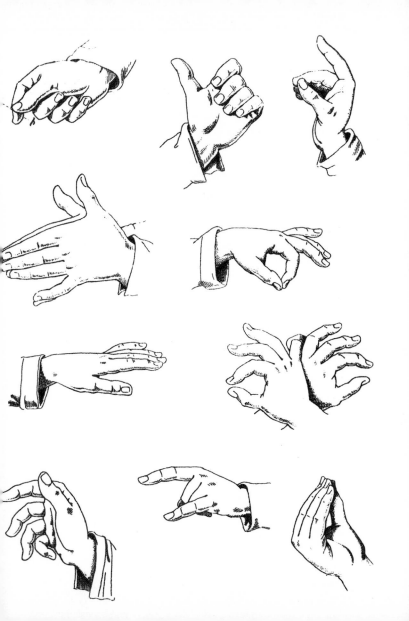

Un'altra pagina illustrata del libro di Canonico Andrea
de Jorio. Significato dei gesti: silenzio, no, bellezza, fame,
beffeggiare, fatica, stupido, guercio, ingannare, astuto.

Another illustrated page of the book of Canon Andrea
de Jorio. Meaning of the gestures: silence, no, beauty, hunger,
to mock, weariness, stupid, squint, to deceive, cunning.

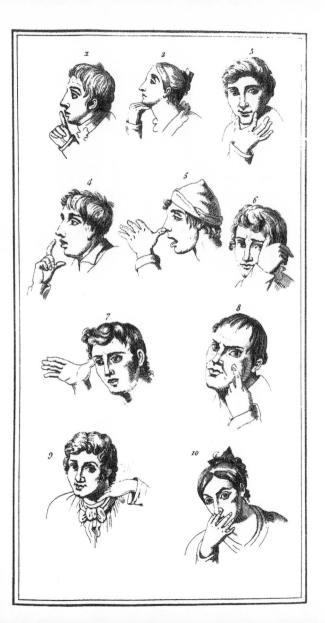

Il gesto del bere e del mangiare (da una antica stampa napoletana).

Gestures of drinking and eating (from an old Neopolitan print).

"Sì ... sì ... tu fai la maddamma" (da una antica stampa napoletana).

"You make a mockery of the 'madam'!" (from an old Neapolitan print).

Antico gesto napoletano di scongiuro.

Ancient Neapolitan protective gesture.

I GESTI

GESTURES

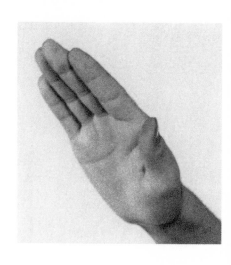

GESTI FAMOSI DEGLI ANTICHI ROMANI
FAMOUS GESTURES OF THE ANCIENT ROMANS

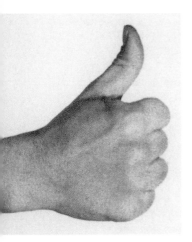 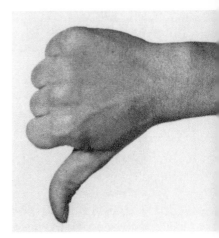

Nel gesto di saluto l'antico romano intendeva mostrare
che non aveva alcuna arma contro chi salutava. Gli altri
due gesti erano usati nel circo per dare vita o morte ai
combattenti, pollice verso: morte.

In the traditional salute (above left), the ancient Roman
showed the person he was greeting that he had no weapons.
The other two gestures above were used in the amphitheatre
to signify life or death to the fighters in the arena. Thumb
down meant "death."

CHE VUOI?
WHAT DO YOU EXPECT?

Le estremità delle cinque dita si riuniscono rapidamente e formano un cono col vertice in alto. La mano può restare ferma o essere scossa più o meno velocemente, secondo che la domanda è fatta con gentilezza o con impazienza. Molto usato a Napoli.

The tips of the fingers of one hand are brought sharply together to form an upward-pointing cone. The hand can either be held motionless or be shaken more or less violently up and down, according to the degree of impatience expressed. Very common in Naples.

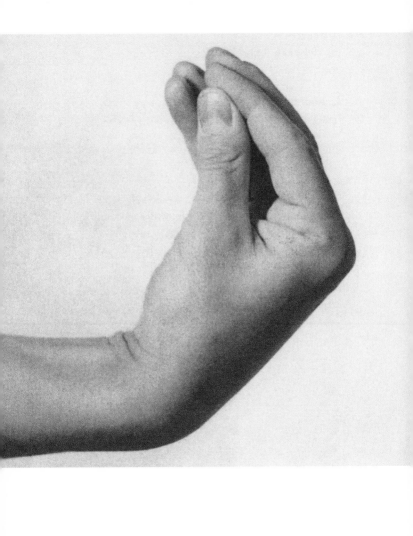

FUMARE
DO YOU HAVE A CIGARETTE?

L'indice ed il medio stanno dritti e quasi uniti, come per reggere una invisibile sigaretta. Per rendere più evidente l'immagine si portano le due dita alle labbra.

The index and middle fingers are extended as though holding an invisible cigarette. For greater emphasis, the fingers may be raised to the lips.

CORNA
HORNS

Gesto di scongiuro. La mano è rivolta verso
il basso, come per scaricare a terra il maleficio.

A protective gesture to ward off a curse or the
"evil eye." The index and little fingers of the hand
jab downwards, as though to ban the evil into
the earth.

TELEFONAMI
CALL ME

La mano indica l'orecchio e l'indice ha un
movimento circolare come se componesse
il numero sul disco dell'apparecchio.

The hand points to your ear and the index
finger makes a dialing movement.

UN MOMENTO
JUST A MINUTE!

Questo gesto fermo, la mano all'altezza della testa, indica che la persona ha qualcosa da precisare o da obbiettare.

This gesture, with the raised hand held palm forward at eye level, calls for attention in order to add an explanation or raise an objection.

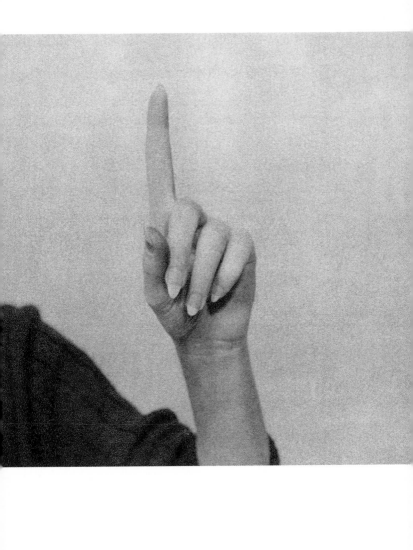

BISOGNO FISICO URGENTE
I REALLY HAVE TO GO

Gesto fermo, tipico degli scolari che desiderano
uscire un momento dall'aula.

For permission to leave the room at school,
the hand is raised and held steady, at times with
the index and middle fingers erect in the
form of a **V**.

BUGIA
CROSSED FINGERS

La mano deve stare dietro la schiena, invisibile
agli occhi dell'interlocutore. Questo gesto infatti,
usato soprattutto dai bambini, indica che chi sta
parlando non si ritiene impegnato dalle proprie
promesse o affermazioni.

This international gesture, used particularly by
children, is made out of the interrogator's
sight (often behind the back) and indicates that
the speaker does not consider himself bound
by his words.

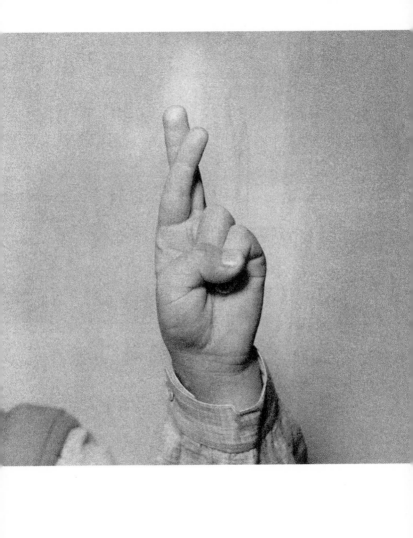

FAME
HUNGER

La mano aperta, con le dita unite e distese,
batte ritmicamente di taglio contro il fianco,
all'altezza dello stomaco.

The hand is held flat, palm downward, and
cuts sideways rhythmically against the waist
at stomach level.

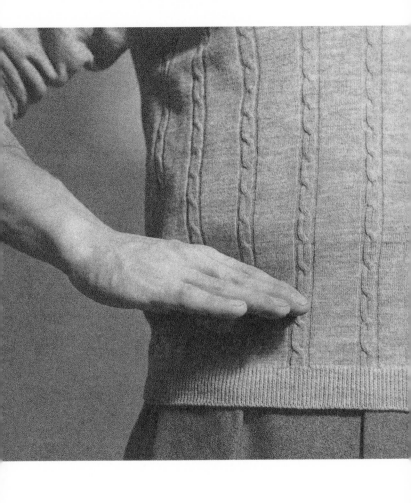

INVITO
INVITATION

«Chi vuol venire con me metta il suo dito
sotto la mia mano». Si usa per chiamare gli
amici a fare tutti insieme la stessa cosa, un
gioco, una passeggiata.

"Put your finger under my hand if you want
to join." This gesture is used to call friends
together, often for a game or outing.

BERE
A DRINK

L'indice, il medio, l'anulare e il mignolo piegati
danno l'immagine del bicchiere e il pollice, rivolto
verso la bocca, simboleggia il liquido che fluisce.

The index, middle, ring, and little finger are all
curved to the shape of a glass, while the thumb,
raised to the mouth, suggests the flow of liquid.

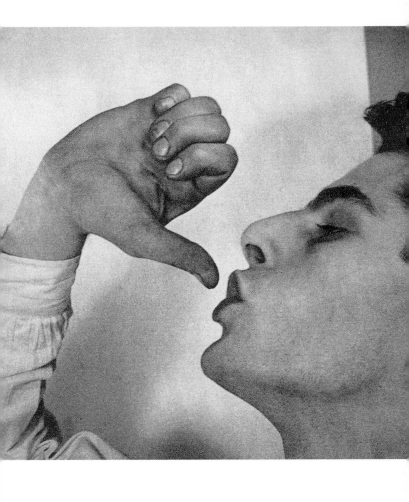

PUNT E MES

La mano col pollice alzato resta ferma a indicare
«uno», mentre l'altra taglia orizzontalmente l'aria
a indicare «mezzo». Più rapidamente e como-
damente si può fare il gesto usando una sola mano,
che indicherà prima «uno», poi «mezzo». Gesto
nato verso la fine dell'Ottocento a Torino per
ordinare senza parlare il famoso vermut amaro.

The thumb of one hand is raised and held steady
to indicate "one," while the other hand, palm
down, cuts the air horizontally to express "half."
This gesture originated in Turin toward the
end of the nineteenth century to signal an order
for the famous bitter vermouth.

ECCELLENTE!
EXCELLENT!

Gesto che esprime un giudizio positivo e insieme una compiaciuta soddisfazione.
È tipico dei golosi d'indole serena e bonaria.

This gesture expresses both approval and hearty satisfaction. It is typical of the good-natured and contented gourmet.

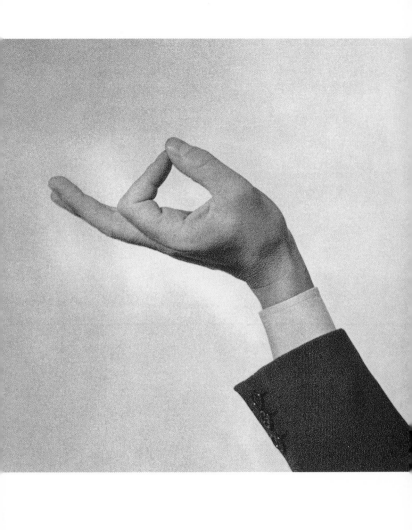

CONTENTEZZA
CONTENTMENT

Ci si frega le mani leggermente e rapidamente come per scaldarsi.

The hands are rubbed together, as though to warm them.

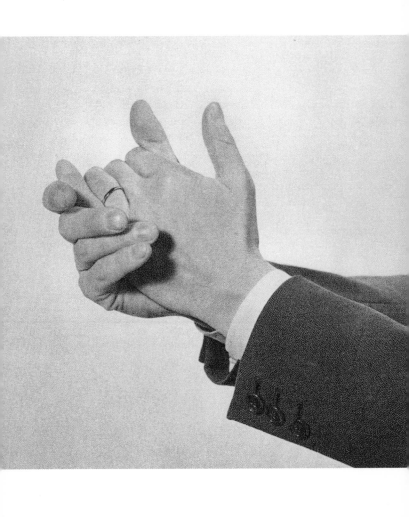

VIENI QUI!
COME HERE!

La mano chiusa è rivolta verso la persona che si vuol chiamare. Soltanto l'indice si piega a uncino e si distende più volte, come per tirare.

The index finger is used in an international beckoning gesture.

È UN DRITTO
CLEVER

Il pollice traccia un segno sulla guancia,
dall'orecchio alla bocca. Il gesto indica che
la persona di cui si parla «ci sa fare».

The back of the thumb is drawn across the
cheek from ear to mouth, to indicate that the
person under discussion knows the ropes.

AUTO STOP
CAN I HITCH A RIDE?

Gesto internazionale e recente. La mano ha
un movimento parallelo alla strada e il pollice
indica la direzione nella quale si vuole andare.

A recent international gesture introduced by
hitchhikers. The arm moves parallel to the road,
and the thumb indicates the direction.

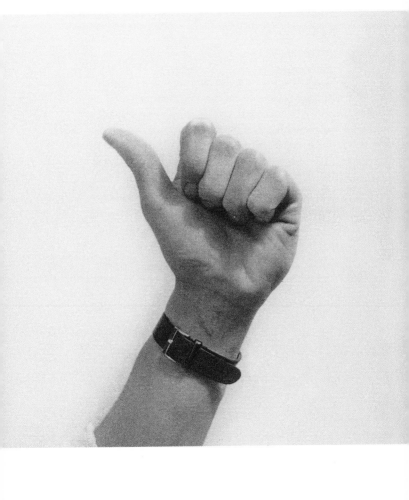

NIENTE!
NO GOOD!   -

La mano ruota sul polso alternativamente verso
destra e verso sinistra, con un ritmo né lento, né
veloce. Il gesto indica «mancanza» e può significare: non so, non ne ho, non c'è n'è, non ce la
faccio, ecc. È uno dei più tipici gesti napoletani.

The hand rotates left and right on the wrist. This
negative gesture is used to express "I don't know,"
"I haven't any," "There isn't any," "I can't do it,"
etc. It is a typical Neapolitan gesture.

CHE PESO!
WHAT A BORE!

La mano batte ritmicamente e lentamente sul petto, e dà l'immagine di qualcosa che «sta sullo stomaco». Il gesto indica noia, stanchezza per qualcosa che si sopporta a fatica.

The hand is tapped slowly and rhythmically against the chest to suggest a weight on the stomach. The gesture expresses boredom and weariness with something (or someone) that proves indigestible.

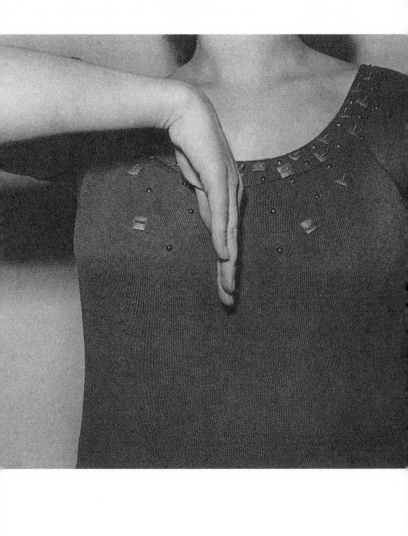

SE L'INTENDONO
SECRET LIAISON

I due indici si affiancano rapidamente e restano
per un momento come incollati. Significa che
tra due persone c'è un'intesa segreta, o che stanno
insieme di nascosto.

The index fingers of both hands are brought
sharply together and held parallel for a moment
to indicate that two people have reached a
secret understanding, or that they are meeting
in private.

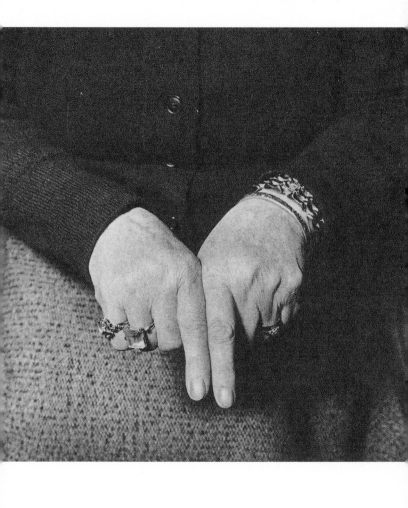

CORNA
HORNS

Mano rivolta in alto, gesto fermo. Ha relazione col
gesto precedente.

An age-old gesture used in connection with the
preceding image. The hand forms horns, but
point upward.

RABBIA
RAGE

Si esprime la rabbia mordendosi la nocca di un dito, di solito l'indice. Non è necessario mordere forte: basta accennare soltanto il movimento. Ma trattandosi d'un gesto passionale e subitaneo, ogni possibile variante è ammessa.

Rage can be expressed by biting the knuckle of one finger, generally the index. It is not necessary to bite hard. The mere gesture is sufficient, but as this is a spontaneous movement, numerous var-iants are used.

SPARARE
"BANG, BANG!"

Gesto tra i più frequenti nei giochi
dei ragazzi.

The gesture of shooting, common in
children's games.

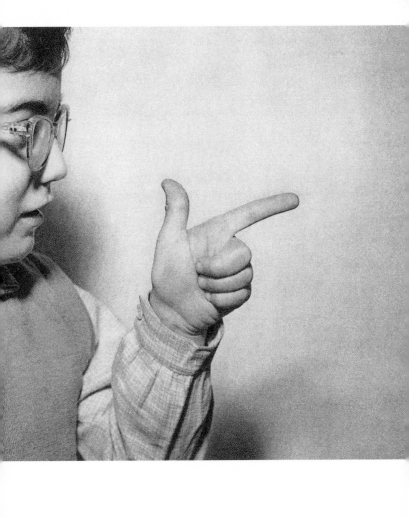

MINACCIA
THREAT

La mano aperta ha un rapido movimento
orizzontale all'altezza della gola, come fosse
una lama che taglia.

The flat hand, palm downward, makes a
rapid, slashing movement across the throat,
to suggest a blade.

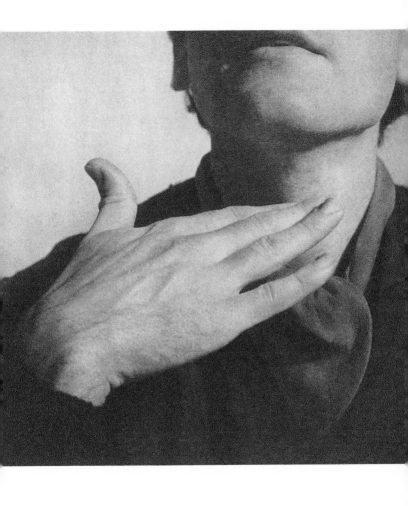

IO NON SO NIENTE
IT HAS NOTHING TO DO WITH ME

Gesto che indica astensione indipendentemente dai
motivi che la dettano e che possono essere buoni
o cattivi. Significa: io non c'entro, me ne lavo le
mani, non posso far niente.

A gesture indicating abstention, whether friendly
or otherwise. It can mean, "None of my business,"
"I wash my hands of it," or "There's nothing
I can do."

PAGARE
PAYMENT

La mano chiusa ha un corto movimento verso il
basso, mentre si strofinano ripetutamente tra di
loro il polpastrello del pollice e quello dell'indice.
Può anche significare: «Hai dei soldi?», oppure:
«È una questione di soldi».

The closed fist is lowered slightly while the balls
of the thumb and index finger are rubbed together.
The gesture may also mean "Do you have the
money?" or "It is a question of money."

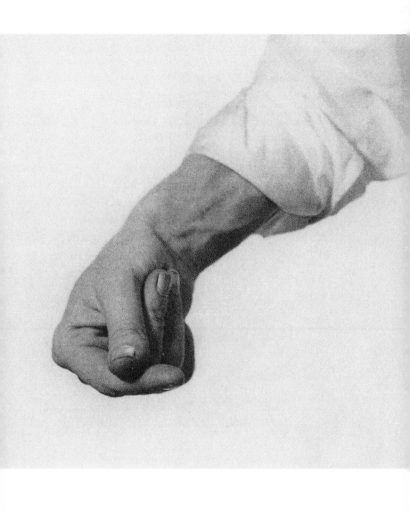

TUTTO BENE
O.K.

Gesto recente di origine americana (O.K.),
non ancora molto diffuso in Italia. Eseguito
con movimento rapido e breve, in avanti,
con fermo istantaneo.

This gesture is a recent import from America
and is not yet very widely used in Italy. The
forward movement is sharp and short. Then
the hand is held motionless.

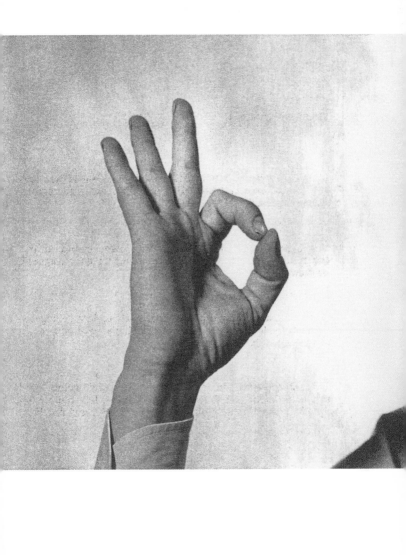

INTESA
AGREED

L'indice si appoggia alla palpebra inferiore e la
tira leggermente verso il basso. Il gesto vuol dire:
ho capito, siamo d'accordo, sta attento.

The index finger is placed on the lower eyelid,
drawing it slightly downward. The meaning is "I
see what you're saying," "We understand each
other,"
or "Beware."

RUBARE
THEFT

La mano, presentata aperta, si chiude lentamente,
un dito alla volta, cominciando dal mignolo. Solo
il pollice resta aperto. Il gesto assomiglia a quello
di un suonatore d'arpa.

First the open hand is held out. Then the fingers,
one at a time, beginning with the little finger,
are slowly closed, with only the thumb remai-
ning extended. The movement resembles that of the
hand on a harp.

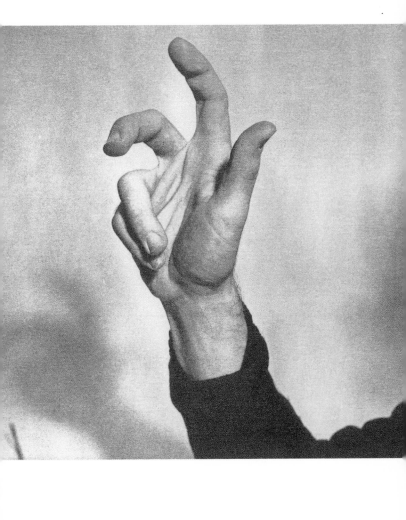

"SILENZIO"
"SILENCE"

L'indice resta fermo davanti alla bocca come
per tenerla chiusa.

The index finger is laid across the lips, as if
to keep them shut.

SONNO
SLEEP

La guancia si appoggia sul palmo della mano come
su di un cuscino.

The cheek is rested on the palm of the hand, as
on a pillow.

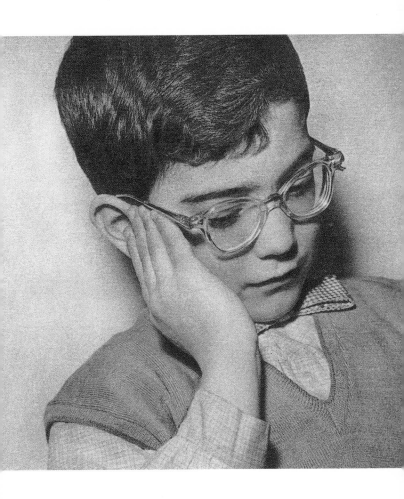

ASPETTARE UN MOMENTO
JUST A MINUTE

La mano aperta come per fermare la persona alla quale ci si rivolge.

The hand is kept flat, as though to "stop" the person to whom we are talking.

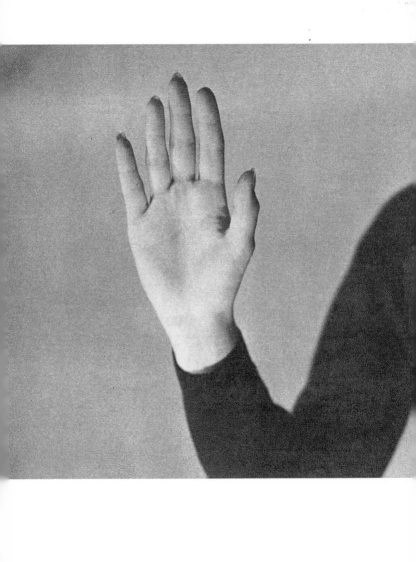

SCRIVERE
TO WRITE

La mano destra finge di scrivere sulla mano
sinistra, o viceversa.

The right hand pretends to write on the left
hand, or vice versa.

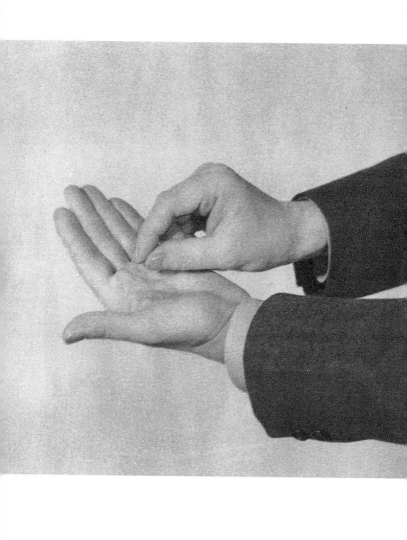

LEGGERE
TO READ

L'indice della mano destra scorre un immaginario
testo stampato sulla mano sinistra come su
una pagina.

The index finger of the right hand runs across
the left hand as on a page.

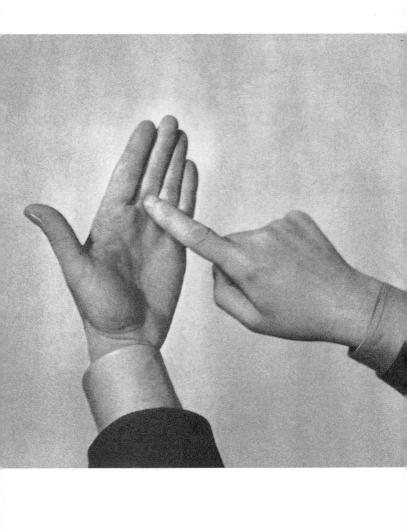

PAROLA D'ONORE
WORD OF HONOR

La mano aperta ferma sul petto.

The flat hand is placed on the chest.

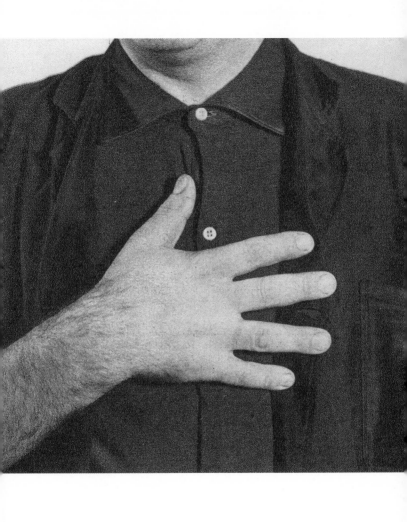

MARAMEO
THUMBING ONE'S NOSE

Gesto infantile, il pollice tocca la punta del naso
e le altre dita aperte ondeggiano rapidamente.

Typically a children's gesture, the thumb touches
the nose while the fingers wave rapidly to
signify disrespect.

PRIGIONE
PRISON

Le mani incrociate ai polsi, fingono di avere
le manette, di essere legate.

The hands are crossed at the wrists, as if they
were handcuffed.

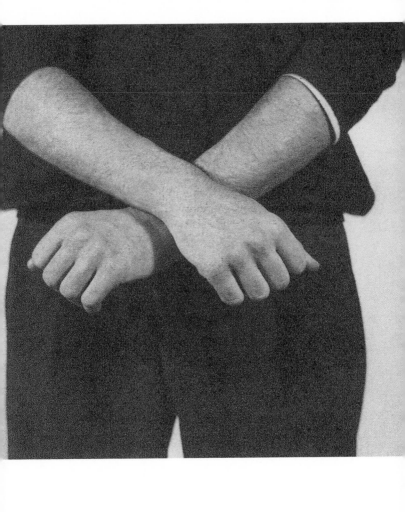

NON ME NE IMPORTA
I DON'T CARE

La mano tocca il mento e poi si sposta in avanti.

The hand touches the chin, then moves forward.

TAGLIARE
TO CUT

L'indice e il medio fanno l'azione di tagliare
come le forbici.

The index and the middle fingers pretend to
cut, imitating scissors.

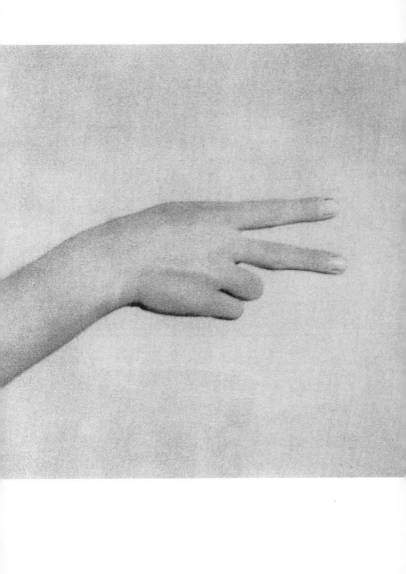

MAGRO COSÌ
AS THIN AS THIS

Il mignolo è il dito più piccolo, si dice anche magro come un chiodo.

Since the little finger is the smallest one, it means "skinny."

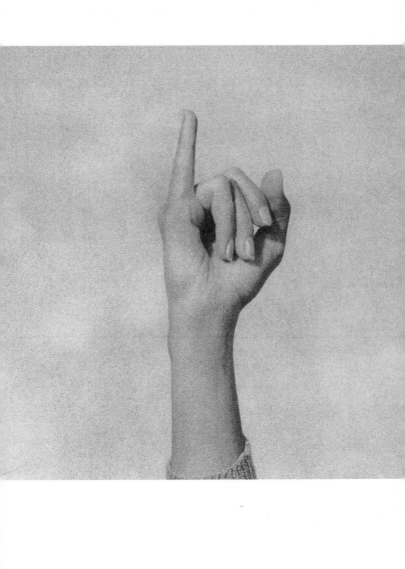

PIENO DI GENTE
CROWDED

Dalla posizione delle dita strette tra di loro, si capisce com'era la gente nel posto di cui in quel momento si parla.

The way the fingers are tightly held together indicates how crowded a place was.

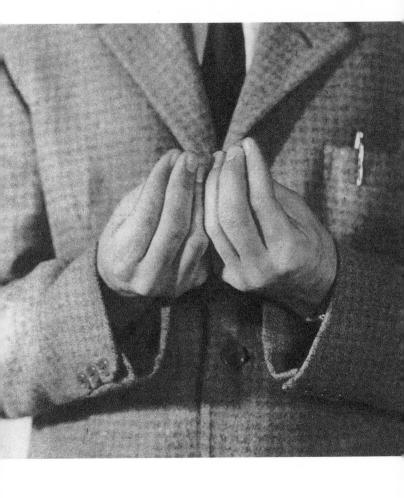

CONTRASTO
CONTRAST

Mani uguali e simmetriche opposte.

The index fingers are pointed one against
the other.

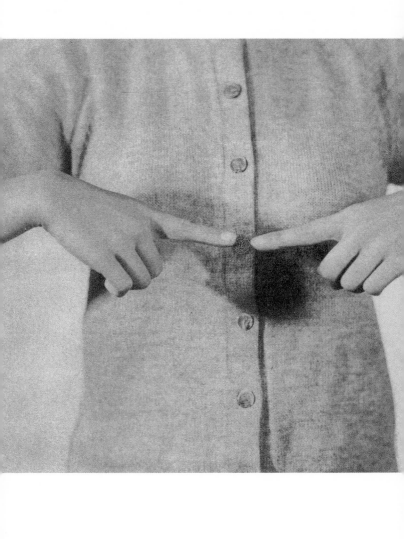

CONGRATULAZIONI
CONGRATULATIONS

Le due mani si stringono come per una stretta di mano, gesto utile per congratularsi a distanza.

The shaking of the two hands. It is a useful gesture to congratulate somebody at a distance.

INSISTO
TO INSIST

L'indice batte ritmicamente con violenza e rapidità sul palmo dell'altra mano.

The index finger jabs rhythmically on the palm of the other hand.

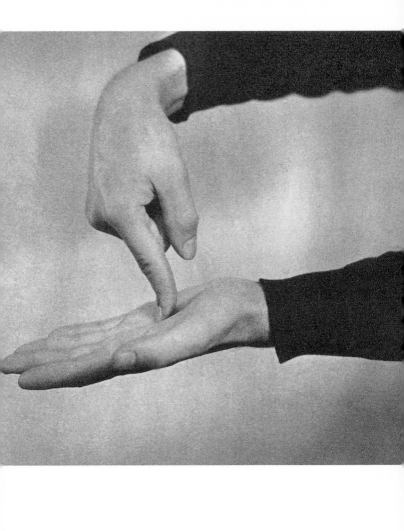

IDEA!
I'VE GOT AN IDEA

L'indice indica il luogo dove si presume
nascano le idee.

The index finger points to the place where
ideas are supposed to be born.

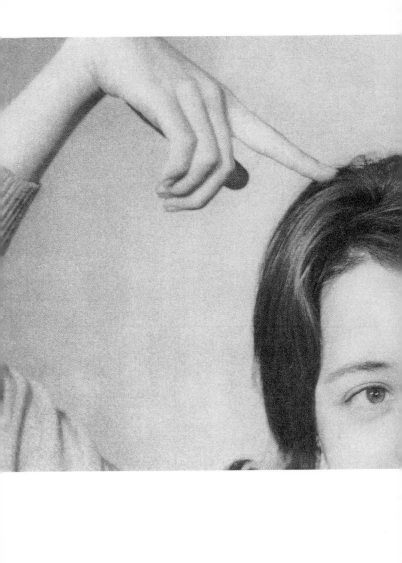

TI PREGO
PLEASE

Gesto supplichevole di chi vuole ottenere qualcosa che non può ottenere altrimenti.

This gesture is an imploring movement to obtain something that otherwise is unobtainable.

NON HO CAPITO
I DIDN'T UNDERSTAND

La mano aperta appoggiata all'orecchio come
per aumentarne la possibilità di ricezione.

The hand cups the ear, as if to increase chances
for reception.

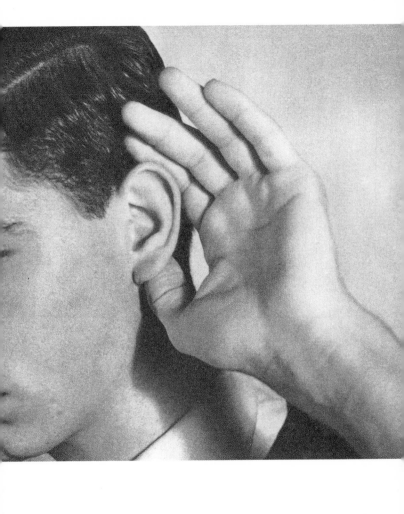

Nota: questo libro ha avuto una prima edizione fuori commercio stampata a Torino nel 1958 per conto della società Carpano; una seconda edizione, con aggiunti 20 gesti, testi ed illustrazioni tratte da un libro sullo stesso argomento del 1832, è stata stampata da Muggiani nel 1963. "Il supplemento al dizionario italiano" viene riproposto dalla nostra casa editrice (nel novembre del 1999) rispettando a pieno l'edizione di Muggiani. Immagini e testi rispecchiano per questo gli anni nei quali sono stati realizzati.

Note: The first edition of this book was not for sale. It was printed in Turin in 1958 by the Carpano Company. A second edition, with twenty added illustrations and text taken
from a book on the same subject in 1832, was printed by Muggiani in 1963. *Speak Italian* was just reprinted by Corrani Editore in November 1999, faithfully reproducing the Muggiani edition. Pictures and text therefore mirror the period to which they belong. This edition was reprinted by Chronicle Books in 2005.

Some of the photos are by Ballo+Ballo.

Library of Congress Cataloging-in-Publication Data available.
ISBN-13: 978-0-8118-4774-2

Manufactured in Italy.

The text of this book was typeset by Jay Peter Salvas
in the text face Bembo 9 3/4 / 12 3/4 and Solex 10 / 12 3/4.

10 9

Chronicle Books LLC
680 Second Street
San Francisco, California 94107

www.chroniclebooks.com